AF864109

Deg o Chwedlau Dyffryn Conwy

Myrddin ap Dafydd

Gwasg Carreg Gwalch

DIOLCHIADAU

I Helen Jones, Pennaeth Adran Llyfrau Plant a Hyrwyddo Darllen, Cyngor Llyfrau Cymru, am drefnu gweithdai chwedlau i'r ysgolion lleol ar Reilffordd Dyffryn Conwy.

I Lleucu Gwenllian am ei lluniau gwych, gan ddod â'r chwedlau'n fyw, ac i Eleri Owen am y cysodi crefftus.

I Lowri Ifor, y golygydd, am bob awgrym a gofal.

Ac i blant ac athrawon y dyffryn am sesiynau difyr yn trafod y chwedlau a chreu baledi:

Ysgol Bro Gwydir, Llanrwst
Ysgol Ysbyty Ifan
Ysgol Eglwys-bach
Ysgol Llanddoged
Ysgol Penmachno
Ysgol Cynwyd
Ysgol Bro Cynfal

Argraffiad cyntaf: 2019
ⓗ testun: Myrddin ap Dafydd 2019
ⓗ darluniau: Lleucu Gwenllian 2019

Cedwir pob hawl.
Ni chaniateir atgynhyrchu unrhyw ran o'r cyhoeddiad hwn, na'i gadw mewn cyfundrefn adferadwy, na'i drosglwyddo mewn unrhyw ddull na thrwy unrhyw gyfrwng, electronig, electrostatig, tâp magnetig, mecanyddol, ffotogopïo, recordio, nac fel arall, heb ganiatâd ymlaen llaw gan y cyhoeddwyr, Gwasg Carreg Gwalch, 12 Iard yr Orsaf, Llanrwst, Dyffryn Conwy, Cymru LL26 0EH.

Rhif Llyfr Safonol Rhyngwladol: 978-1-84527-708-6

Cyhoeddwyd gyda chymorth Cyngor Llyfrau Cymru
Dylunio: Eleri Owen
Darluniau: Lleucu Gwenllian

Cyhoeddwyd gan Wasg Carreg Gwalch,
12 Iard yr Orsaf, Llanrwst, Dyffryn Conwy, Cymru LL26 0EH.
Ffôn: 01492 642031
e-bost: llyfrau@carreg-gwalch.cymru
lle ar y we: www.carreg-gwalch.cymru

Cyflwynaf y chwedlau hyn
i blant Dyffryn Conwy,
heddiw ac yfory

Y Gogarth
Y Fôr-forwyn a Chei Conwy
LLANDUDNO
Llys Helig
CONWY
Llansanffraid
Glan Conwy
Penmaenmawr
Santes Ffraid a'r Brwyniaid
Y Ro-wen
Tal-y-cafn
Cadair Ifan Goch
Hen Dylluan Cwm Cowlyd
Ifan Goch a'i Gi
Llyn Cowlyd
Llyn Geirionnydd
LLANRWST
Carw Angau
Taliesin Glan Geirionnydd
Betws-y-coed
Ysbyty Ifan
Llyn yr Afanc
Y Migneint
Y Telynor yn y Gors
Rhys Fawr a'r Ddraig Goch

CYNNWYS

Ar hyd y blynyddoedd cynnar, roedd pob chwedl a stori a glywais i yn cael eu lleoli yn Nyffryn Conwy, yn fy nychymyg i. Hawdd iawn oedd dychmygu bod yn Arch Noa wrth sefyll ar y Bont Fawr a hithau'n lli. Y tu ôl i feini'r Orsedd yr oedd Caradog yn llechu cyn ymosod ar y Rhufeiniaid ...

Yn raddol, lledodd y gorwelion. Ond rydw i'n dod yn ôl o hyd at y chwedlau a'r hanesion hynny sydd wedi'u gwreiddio go iawn yn y dyffryn. Mae amryw o'r straeon i'w canfod mewn hen lyfrau, ond mae ambell un wedi aros ar fy nghof ar ôl ei chlywed – stori 'Nhad am garw Gwydir a stori Taid am gwt ci'r cawr.

Mi allwch fynd am dro i weld llawer o'r lleoliadau sy'n ymddangos yn y chwedlau – trofeydd braf iawn ydyn nhw hefyd. Wrth eu cyflwyno i lawer o blant ysgolion y dyffryn, roedd hi'n hwyl mynd am dro i fyd y dychymyg hefyd. Yr hyn oedd yn rhyfeddol oedd bod y plant yn ddi-ffael yn medru gweld gwirioneddau a darnau o hanes yn ymddangos yn y straeon. Mae llifogydd yn ffordd o fyw yn y dyffryn, a gwelai'r plant y bygythiad o'r afon yn cael ei ddarlunio fel afanc yn y chwedl honno. Torri coed fu hanes dyn erioed – mae hynny yn stori'r dylluan. Lefel y môr yn codi – mae cof am hynny hefyd yn hanes Llys Helig. Mae'r chwedlau yma'n fyw!

Myrddin ap Dafydd

HEN DYLLUAN CWM COWLYD

Amser maith yn ôl, roedd marchogion y Brenin Arthur yn ceisio cael hanes cymeriad arbennig, Mabon fab Modron, oedd ar goll ers pan oedd yn hogyn bychan. Dipyn o dasg! Ond roedd Arthur wedi dewis gwahanol farchogion talentog i gyflawni gwahanol dasgau fel hyn i helpu ei gefnder, Culhwch, oedd mewn sefyllfa go anodd. Culhwch, druan – roedd wedi syrthio dros ei ben a'i glustiau mewn cariad gydag Olwen, merch Ysbaddaden Bencawr, ac ar dân eisiau ei phriodi.

Doedd dim bai arno am hynny. Yn ôl y chwedl roedd ei gwallt hi'n felynach na blodau'r banadl; roedd ei chroen hi'n wynnach nag ewyn y don; roedd ei llygaid hi'n dlysach na llygaid hebog ifanc ac roedd ei gruddiau hi'n gochach na'r rhosyn mwyaf sgarlad. Ar ben hynny, ble bynnag yr âi hi, yn ôl ei throed fe dyfai pedair meillionen wen, a dyna sut y cafodd ei henw – ôl wen – Olwen.

Ond dydi llwybr cariad byth yn un hawdd. Mae'n anoddach os yw tad y ferch yn gawr, ac yn waeth fyth os yw hwnnw'n bencawr. Oedd, roedd ganddo lais dwfn oedd yn rhuo. Roedd amrannau ei lygaid mor drwm nes ei fod yn gorfod cael dau bolyn lein i'w dal i fyny er mwyn iddo fedru gweld. Roedd hefyd yn dad cas a chyfrwys.

Cyflwynodd Ysbaddaden res o dasgau anhygoel o anodd i Culhwch – tasgau roedd yn rhaid iddo'u cyflawni cyn y gallai briodi Olwen. Roedd yn rhaid iddo glirio darn o dir, ei aredig, a'i hau – i gyd mewn un diwrnod. Ar ben hynny, roedd yn rhaid i'r cnwd dyfu a bod yn aeddfed erbyn y bore i'w gynaeafu i wneud bwyd a diod ar gyfer y wledd briodas.

Amhosibl, medden ni. Hawdd, meddai Culhwch (roedd marchogion Arthur yn ei helpu ac roedd y rheiny'n gallu cyflawni pob math o gampau). Tasg arall oedd cipio crib a siswrn arbennig i drin gwallt garw a chaled y cawr er mwyn iddo edrych yn daclus erbyn priodas Olwen. Roedd angen i'r rheiny fod yn arfau cryf a gwydn ac roeddent i'w cael rhwng dwy glust y Twrch Trwyth. Baedd gwyllt ffyrnig a chreulon oedd hwnnw – byddai angen helwyr a helgwn gorau'r byd i godi'i drywydd a'i gornelu.

Mabon fab Modron oedd yr unig ddyn yn y byd oedd yn medru trin Drudwyn, y ci cyhyrog oedd ei angen i hela'r Twrch Trwyth.

"Chlywais i erioed am hwnnw," meddai Culhwch.

"Synnu dim," atebodd Ysbaddaden Bencawr. "Cafodd Mabon ei gipio pan oedd yn faban bach, ar y drydedd noson ar ôl iddo gael ei eni, a hynny pan oedd yn cysgu rhwng ei fam a'r pared. Does neb yn gwybod lle mae o. Does neb yn gwybod a ydi o'n fyw ai peidio."

Dyna ichi stiw.

Dewisodd Arthur bedwar i gynorthwyo Culhwch gyda'r dasg hon: Gwrhyr Gwalstawd Ieithoedd, oedd yn medru siarad pob iaith yn y byd, gan gynnwys ieithoedd yr anifeiliaid a'r adar; Eidoel, cefnder Mabon; a'r marchogion dewr, Cai a Bedwyr.

"Lle dechreuwn ni ar y ffasiwn dasg?" gofynnodd Culhwch.

"Awn ni i holi'r hen greaduriaid," cynigiodd Gwrhyr. "Maen nhw wedi bod yma am filoedd o flynyddoedd o'n blaenau ni ac maen nhw'n fwy gwybodus a deallus na ni."

Aethant at geiliog mwyalch yng Nghilgwri yn gyntaf. Roedd hwnnw'n goblyn o hen, ond nid oedd yn gwybod ble'r oedd Mabon. Cyfeiriodd nhw at Garw Rhedynfre. Roedd hwnnw yn hŷn, ond allai yntau ddim ateb y cwestiwn chwaith.

"Mi af â chi i weld Tylluan Cwm Cowlyd," meddai'r carw. "Hen beth digon blin ydi honno, ond bobol bach, mae'n gwybod hanes y byd a'i nain."

Teithiodd y pump yng nghwmni'r carw o lannau Dyfrdwy i Ddyffryn Conwy. Wedi croesi'r afon ger Llanrwst, dyma'r carw yn oedi.

"Welwch chi'n pentref acw ar fol y llechwedd? Trefriw ydi hwn'na. Y tu ôl iddo mae cefnen hir a serth – Cefn Cyfarwydd ydi enw honno. Yr ochr draw i Gefn Cyfarwydd y

mae Cwm Cowlyd. Os na welwch chi'r dylluan, bydd hi yn siŵr o'ch gweld chi, ac mi ddaw draw i fusnesu a holi be dach chi'n ei wneud yn ei chwm hi."

Dychwelodd y carw am Redynfre a dringodd y cwmni bychan dros Gefn Cyfarwydd. O'u blaenau gwelsant gwm mynyddig hir a dwfn. Codai mynydd serth yn debyg iawn i siâp het gwrach yr ochr draw i lyn yn ei ben uchaf. Yna gorchuddiwyd y cwm o'r llyn at gwymp y tir yn ôl i lawr i Ddyffryn Conwy gan goedwig drwchus.

Tra oedden nhw'n edmygu'r olygfa hynod, clywodd y cwmni bach "Tw-whit-tw-hw" ar gangen o gerddinen ychydig oddi wrthynt.

"Ga i ofyn be yn union dach chi'n ei wneud yn fy nghwm i?" holodd y dylluan.

"Ti ydi Tylluan Cwm Cowlyd, felly?" holodd Gwrhyr.

"O! Rwyt ti'n un deallus," meddai'r dylluan. "Rwyt ti'n medru fy ateb – nid gwneud hwyl am fy mhen i a gwatwar fy hwtian."

"Wyddoch chi ble mae Mabon fab Modron?"

"Rydw i'n hen iawn. Rwy'n cofio coedwig gynnar yn llenwi'r cwm ond daeth dynion yma a'i thorri. Wedi degau o flynyddoedd o gael ei ffermio, aeth y tir yn ôl yn wyllt. Tyfodd ail goedwig yma. Wedyn, ymhen rhai canrifoedd, cafodd yr ail goedwig ei thorri. Ond mi welais drydedd goedwig yn tyfu, ac mae honno'n ddau gant oed bellach. Mae hi'n ymestyn ar hyd Cwm Cowlyd erbyn hyn – o'r llyn hyd at lechweddau Dyffryn Conwy, yn dal ac yn drwchus. Dwi wedi bod yma yr holl amser hwn, ond chlywais i erioed am Fabon fab Modron. Mae Eryr Gwernabwy yn hŷn na fi, hyd yn oed. Pam nad ewch chi i gael gair gyda hwnnw?"

A do, bu'n rhaid i farchogion Arthur fynd o Gwm Cowlyd i chwilio am Eryr Gwernabwy. Yna, mynd i chwilio am Eog Llyn Lliw – ond stori arall ydi honno.

Os ewch chi i Gwm Cowlyd heddiw, mi ddowch ar draws enw arall ar y lle, sef Cwm Brwynog. Mae hwnnw yn ddisgrifiad addas – tir mawn, corsiog, brwynog sydd yno bellach. Does dim hanes o goedwig yr hen dylluan, ond mae hen gof am sawl coedwig wedi'i gadw yn y chwedl.

LLYS HELIG

Brenin y wlad ffrwythlon honno rhwng Llandudno a Phenmaen-mawr ac Ynys Seiriol amser maith yn ôl oedd Helig ap Glannawg. Roedd yn byw mewn llys hardd rhyw ddwy filltir o drwyn Penmaen-mawr, ardal sydd bellach o dan y dŵr. Os gofynnwch chi'n glên i bysgotwr o Gonwy, efallai yr aiff o â chi allan yn ei gwch. Pan fydd y môr ar drai, bydd ewyn gwyn yn torri yng nghanol y bae ac os ewch chi'n agos at y safle hwnnw, byddai'r cychwr yn medru dangos llinellau o feini mawr ichi sy'n achosi'r cynnwrf ar wyneb y môr.

Rhyw ddwywaith y flwyddyn, ym misoedd Mawrth a Medi, bydd trai mawr iawn a bryd hynny, gallwch lanio yng nghanol y meini a chrwydro ymysg olion Llys Helig a dychmygu'r adeilad urddasol oedd yno drosoch eich hun.

Roedd gan Helig ap Glannawg ferch hardd. Hi oedd cannwyll ei lygad. Roedd yn breuddwydio'n aml y byddai hi'n priodi tywysog neu frenin ac yn cael bywyd braf ar hyd ei hoes.

Ar diroedd braf Tyno Helig, gerllaw'r llys, roedd ffermwr ifanc oedd yn weithiwr caled ac yn deall yr hen grefft o drin y pridd. Eto, un o deulu tlawd oedd o.

Yr adeg honno, fel yn ein dyddiau ni, roeddech chi'n gwybod pa mor ariannog oedd pobl yn ôl sut roeddan nhw'n gwisgo a sut roeddan nhw'n teithio o amgylch y wlad. Yn nyddiau Helig ap Glannawg, roedd pobl gyfoethog yn gwisgo torchau aur am eu gyddfau ac yn marchogaeth o amgylch y wlad ar gefn ceffylau urddasol. Capiau gwlân a dillad llwydaidd oedd gan y tlodion, a cherdded yn droednoeth yr oedden nhw.

Un diwrnod, roedd y ffermwr ifanc allan ar ei dir yn gweithio'n galed. Roedd ganddo wartheg a defaid ac roedd yn plygu llwyni a brigau i greu gwrychoedd o amgylch ei gaeau. Pwy ddaeth heibio yn benfelen, yn ei dillad gwyrdd, llaes a'i thlysau'n pefrio yn yr heulwen, ond merch Llys Helig ar ei cheffyl gwyn, bonheddig. Tynnodd y ffermwr ifanc ei gap i'w chydnabod wrth iddi fynd heibio, gan ei chyfarch gyda gwreichionen lawen yn ei lygad:

"Mae diwrnod hardd newydd fynd yn harddach wrth i ti alw heibio!"

Gwenodd y ferch a thynnu ar yr awenau i lonyddu'r ceffyl. Gyda hi ar gefn ei cheffyl ac yntau yn y ffos wrth ei glawdd, bu'r ddau'n sgwrsio am ysbaid. Synnodd merch y brenin fod y llanc yn siarad mor rhydd ac mor ddifyr gyda hi. Doedd hi ddim yn cael llawer o gyfle i wneud hyn gyda bechgyn o'r un oed â hi ei hun.

Y diwrnod canlynol, roedd y llanc wrthi ar y clawdd unwaith eto a phwy ddaeth heibio drachefn ond y dywysoges ar ei cheffyl gwyn. Aeth sgwrs bum munud yn sgwrs chwarter awr y tro hwnnw. Drannoeth, daeth i lawr oddi ar gefn y ceffyl a bu'r ddau'n eistedd ym môn y clawdd yn sgwrsio am hydoedd. Erbyn diwedd yr wythnos, doedd fawr o siâp ar y clawdd ond roedd y ddau ifanc yn brysur iawn yn sgwrsio ac yn mynd am dro yng nghwmni'i gilydd.

Erbyn hyn, roedd y llanc dros ei ben a'i glustiau mewn cariad gyda'r dywysoges. Ymhen mis, soniodd wrthi ei fod eisiau ei phriodi.

"Bydd yn rhaid iti fynd i gael gair gyda fy nhad," meddai'r dywysoges.

Gwisgodd y llanc ei fantell orau ac esgidiau lledr ysgafn am ei draed. Cyrhaeddodd Lys Helig a gofynnodd am gael gweld y brenin. Yn ei ystafell foethus, edrychodd Helig ap Glannawg ar y mab fferm a gwelodd mai cyffredin a thlawd oedd ei fyd, er iddo wneud ymdrech i edrych ar ei orau ar gyfer yr ymweliad hwnnw. Edrychodd ar lygaid taer y llanc wrth iddo ddweud wrtho,

"Rwyf wedi syrthio mewn cariad gyda'ch merch, f'Arglwydd. Mae'n llonni fy nghalon ac rwyf eisiau byw fy mywyd er ei mwyn. Mi gaiff bopeth gen i, popeth ..."

Gwyddai'r brenin fod y llanc yn siarad o'i galon, ond gwyddai hefyd mai byd caled a thlawd fyddai gan ei ferch ar ei fferm. Roedd yntau'n meddwl y byd ohoni ac wedi gobeithio am fywyd hapus a chyfoethog iddi. Priodi tywysog, efallai ...

"Mi wnes adduned pan anwyd fy merch," meddai'r brenin ar ôl ystyried y sefyllfa am ennyd. Nid oedd eisiau bod yn galed ar y llanc, ond nid oedd am wneud pethau'n hawdd iddo chwaith.

"Addunedais y byddai fy merch yn cael priodi llanc oedd yn gwisgo torch aur am ei wddw. Oes gen ti dorch o'r fath?"

Bu'n rhaid i'r mab fferm gyfaddef nad oedd ganddo un a dychwelodd at ei glawdd yn benisel.

Ddeuddydd yn ddiweddarach, gwelodd farch tywyll yn dod ar hyd y ffordd tuag ato. Roedd clogyn drud yr olwg gan y marchog. Wrth iddo nesu, gwelodd fod ganddo dorch aur am ei wddw ...

Daeth cwmwl du dros yr haul yr ennyd honno. Er nad oedd y llanc erioed wedi gwneud dim byd tebyg i hyn o'r blaen, ymosododd ar y marchog gyda'i arfau torri clawdd, ei ladd a'i daflu i'r ffos. Cyn ei roi o olwg y byd, tynnodd y dorch aur oddi arno.

Gyda'r dorch aur yn ei boced, rhedodd y llanc ar frys i'r dref wrth ymyl Llys Helig. Gwelodd ferch y brenin ar y stryd a thynnodd hi ar ei ôl i un o'r strydoedd cefn, tawel.

"Edrych!" meddai'n gyffrous gan ddangos y dorch iddi. "Mae gen i dorch aur wedi'r cyfan! Mi allwn ni briodi rŵan!"

"Lle ces ti hi?" holodd y ferch.

"Mae yn ein teulu ers cenedlaethau. Mam oedd wedi'i chadw mewn cwpwrdd ac wedi anghofio amdani ..."

"Y gwir!" mynnodd y ferch.

Yn raddol, cyfaddefodd y llanc y stori i gyd.

"Dos yn ôl," gorchmynodd y ferch. "Cwyd y corff o'r ffos a'i gladdu dan goeden yn y cae, fel na fydd neb byth yn dod ar ei draws."

Rhedodd y llanc yn ei ôl a llusgo'r corff o'r ffos. Roedd wrthi'n dechrau palu bedd o dan y goeden pan holltodd y cymylau duon oedd yn llenwi'r awyr. Gwelodd y llanc fellten las yn rhwygo'r cymylau a chlywodd lais trwm yn ei rybuddio,

"Daw dial! Daw dial!"

Taflodd ei raw ar y ddaear a rhedodd yn ôl at ferch y brenin i adrodd yr hanes.

"Gofyn i'r llais pryd y daw'r dial," meddai hithau.

Dychwelodd y llanc at fôn y goeden. Mellten las arall a'r llais trwm eto,

"Daw dial! Daw dial! Daw dial!"

"Pa bryd y daw?" gofynnodd y llanc.

"Yn amser dy blant, a'th wyrion a'th orwyrion," meddai'r llais.

Rhedodd y llanc â'r neges at ferch y brenin.

"O!" meddai hithau pan glywodd hyn. "Mi fyddwn ni wedi hen farw erbyn hynny. Dos yn ôl i gladdu'r corff ac wedyn mi gei wisgo'r dorch i ddod i weld fy nhad yn Llys Helig."

Wrth weld fod y mab fferm yn gwisgo torch aur, doedd gan y brenin ddim dewis ond rhoi'i ferch iddo ei phriodi. Cynhaliwyd gwledd fawr i ddathlu'r achlysur yn Llys Helig ac roedd y pâr ifanc uwchben eu digon.

Yn fuan ar ôl priodi, gwerthodd y ffermwr ifanc y dorch aur i fasnachwr o Iwerddon. Cafodd arian da amdani. Prynodd diroedd helaeth yn Nhyno Helig a chododd dŷ moethus i'w deulu. Yn fuan, roedd ganddynt dri o blant, a chynhaliwyd gwledd fawr i ddathlu genedigaeth pob un o'r tri.

Pan fu farw Helig ap Glannawg, y ferch a ddaeth i'r orsedd i ddilyn ei thad. Symudodd y teulu o'r ffermdy newydd i'r llys brenhinol. Aeth blynyddoedd heibio. Priododd eu plant hwythau a chynhaliwyd gwledd bob tro y ganwyd eu plant – wyrion newydd y frenhines a'i gŵr.

Flynyddoedd maith ar ôl hynny, roedd y frenhines a'r gŵr mewn gwth o oedran bellach. Ond roedd gwledd arall i'w chynnal yn Llys Helig. Y tro hwn, dathlu bod un o'r wyrion wedi cael plentyn oedd yr achlysur. Oedd, roedd y bedwaredd genhedlaeth wedi cyrraedd y llys. Roedd ganddynt orwyrion.

Roedd pawb mewn hwyliau da ac roedd llawer o ganu a dawnsio yn y wledd honno.

"Mae'r gwin wedi darfod!" meddai un o'r morynion wrth y frenhines.

"Dos i lawr i'r seler i nôl rhagor," meddai'r frenhines wrthi.

Dychrynodd y forwyn wrth agor drws y seler ac edrych i lawr y grisiau. Roedd llond y seler o ddŵr a physgod braf yn nofio ynddo.

Rhuthrodd yn ôl i'r wledd a dweud y cyfan yn llawn wrth ei chariad, oedd yn fardd ac yn delynor yn Llys Helig.

"Dŵr yn y seler?" meddai yntau, gan gofio hen hanesyn a glywsai gan hen fardd y llys flynyddoedd yn ôl.

"Efallai bod y dial wedi dod o'r diwedd! Mi glywais sôn ... Na, does dim amser i adrodd y stori. Tyrd, drwy'r porth yna ar unwaith."

Rhedodd y ddau allan a dianc o dir ffrwythlon Tyno Helig am eu bywydau. Wedi rhedeg am ddwy filltir, gwelsant feini mawr a chlogwyn Penmaen-mawr o'u blaenau. Cynorthwyodd y telynor ei gariad i ddringo i ben y maen ac fel roedd hi'n gwneud hynny, teimlodd y don gyntaf yn gwlychu'i thraed.

Eisteddodd y ddau ar y maen ac yng ngolau cyntaf y wawr tua'r dwyrain, gwelsant fae llydan o ddŵr heli yn gorchuddio hen wlad Tyno Helig.

Roedd yr hen lys wedi diflannu am byth o dan y tonnau.

IFAN GOCH A'I GI

Mae Cadair Ifan Goch yn un o'r mannau mwyaf ysblennydd yn Nyffryn Conwy. Craig ydi hi ar lechweddau dwyreiniol y dyffryn, gyferbyn â phentref Dolgarrog. Mae golygfa wych i fyny'r dyffryn i gyfeiriad Trefriw a Llanrwst oddi yno a gellwch ddilyn llif yr afon i'r cyfeiriad arall draw am Dal-y-bont a Thal-y-cafn. Yn gefn i'r cyfan, mae bryniau a mynyddoedd y Carneddau. Dyma'r lle i ddod i glywed y gog yn y gwanwyn ac i weld lliwiau'r hydref ar y rhedyn a'r coedwigoedd wrth i'r flwyddyn hel ei thraed ati.

Y cawr enwocaf o ddigon yn Nyffryn Conwy oedd Ifan Goch. Efallai ei fod yn eistedd ar greigiau Cadair Ifan Goch yn gwneud ei ran, fel pob cawr mawr da, yn cynnal pwysau'r awyr uwch ein pennau, ond mae stori arall amdano hefyd. Byddai weithiau'n rhoi un droed ar Gadair Ifan Goch a throed arall ar glogwyn yr ochr arall i afon Conwy – mae Tyddyn Ifan Goch i'w ganfod ym mhlwyf Llanrhychwyn o hyd. Yna, byddai'n plygu'n isel rhwng y ddau glogwyn, yn rhoi ei ddwylo yn nŵr yr afon a lifai rhwng ei goesau ac yn molchi'i wyneb a'i wallt. Cawr glân iawn oedd Ifan Goch.

Wedyn, mae'n siŵr, ar ôl cael sgwriad iawn, byddai'n eistedd ar Gadair Ifan Goch ac yn sychu'i groen a'i wallt coch, llaes yn haul y prynhawn wrth i hwnnw brysuro tua'r gorllewin.

Roedd gan fy nhaid stori am Ifan Goch. Un o'r Ro-wen yr ochr draw i'r dyffryn oedd Taid ac mi fyddem yn mynd am dro at gromlech Maen y Bardd weithiau. Ond enw Taid ar y gromlech oedd Cwt y Ci, ac yn ymyl mae maen hir wedi gwyro o'r enw Ffon y Cawr.

Fel llawer o gewri, roedd gan Ifan Goch drysor. Gan ei fod yn gawr, doedd neb wedi mentro gofyn iddo erioed beth oedd y trysor, na faint oedd ei werth na sut y digwyddodd hi iddo gael ei fachau arno. Y cyfan a wyddai pobl y Ro-wen oedd bod y trysor yn cael ei gadw yng Nghwt y Ci a bod gan Ifan Goch gi danheddog iawn i warchod y trysor.

Yn anffodus, er bod y ci yn chwyrnwr da, nid oedd yn hoffi aros yn ei gwt. Llawer gwell ganddo oedd llithro'r goler a'r gadwyn dros ei ben a mynd am dro i ben Tal-y-fan ac yna i lawr i Fwlch y Ddeufaen, draw am y Drum a'r Foel Grach, a dilyn ei drwyn at Glogwyn yr Eryr uwch Llyn Eigiau. Oddi yno, byddai rhywbeth yn mynd â'i sylw ac i ffwrdd ag o ar wib am Lyn Cowlyd a Llyn Crafnant, i fyny Pen Llithrig-y-wrach a Phen yr Helgi Du ac ar hyd Craig yr Ysfa am Garnedd Llywelyn, cyn troi am greigiau yr Ysgolion Duon ym mhen draw Cwm Llafar cyn troi'n sydyn am y Glyderau a chreigiau Foel Goch.

Wrth eistedd ar ei gadair yn yr haul yn sychu'i wallt, byddai Ifan Goch wedi cau ei lygaid a chyn hir byddai'n pendwmpian cysgu yn niwedd y prynhawn. Yn sydyn, deffrôdd a gweld bod Cwt y Ci uwchlaw'r Ro-wen yn hollol wag.

"Ble mae'r ci gwirion yna? Mae o wedi dianc eto!"

Gyda rhuad ofnadwy, cododd Ifan Goch a chamu dros yr afon i gael golwg iawn yn y rhedyn tal y tu ôl i Gwt y Ci. Doedd dim golwg ohono yn unman.

Rhuodd Ifan eto a gwelodd ychydig o flew coch yn y clawdd lle mae Cae Coch heddiw.

"A-ha! Dyna'r ffordd yr aethost ti'r gwalch! Aros di, fydda i fawr o dro yn cael gafael arnat ti."

Ond roedd y ci coch wedi cael blaen ar ei feistr. Roedd wedi crwydro'r mynyddoedd a'r cymoedd ers oriau. O gopa i gopa, o lyn i lyn, chwiliodd Ifan Goch ar hyd y Carneddau. Roedd hi'n dechrau tywyllu erbyn iddo ddal y ci ar Foel Goch. Clywodd y wlad i gyd lais fel taran yn atseinio o orwel i orwel wrth i Ifan Goch felltithio'r ci a'i glymu'n ddiogelach nag y bu erioed yn ôl yng Nghwt y Ci.

Drannoeth, cododd Ifan Goch yn gynnar ac eisteddodd ar ei gadair i gadw golwg ar ei gi. Pan ddeffrôdd hwnnw ac ymestyn yn yr heulwen ar garreg drws ei gwt, edrychodd o'i gwmpas yn nerfus. Ni welodd ei feistr yn eistedd yn llonydd fel craig yr ochr arall i'r dyffryn. Yn slei bach, llwyddodd i wthio'i goler dros un glust ac yna dros y llall a dechreuodd redeg am Fwlch y Ddeufaen.

"Ho!"

Clywodd y ci lais ei feistr yn atseinio ar glogwyni'r mynyddoedd o'i gwmpas.

Wrth chwilio am ei gi ar y Carneddau'r noson cynt, roedd Ifan wedi dod o hyd i garreg hir a main, a gwelodd hi'n un hwylus iawn i'w defnyddio fel ffon, gan fod ei goesau wedi blino braidd erbyn hynny. Yn awr, o weld y ci yn rhedeg ar wib oddi wrtho, cododd Ifan Goch o'i gadair a chwifio'r garreg uwch ei ben. O fewn dim roedd wedi'i gollwng o'i afael a'i hyrddio i gyfeiriad y ci.

Gwibiodd y garreg hir drwy'r awyr, gan chwyrlïo fel olwyn trol ar ei thaith. Glaniodd yn gam yn y ddaear yn union o flaen trwyn y ci. Rhedodd hwnnw yn ôl i'w gwt wedi dychryn yn lân. Ni cheisiodd ddianc fyth wedyn a gwarchododd drysor y cawr yn ffyddlon hyd weddill ei ddyddiau.

A dyna'r stori y tu ôl i Ffon y Cawr a Chwt y Ci. Ond beth ddigwyddodd i'r trysor, tybed?

LLYN YR AFANC

Pwll yn afon Conwy, ychydig yn is na'r cymer lle mae afonydd Conwy a Lledr yn cydlifo, yw Llyn yr Afanc. Mae rhyw filltir yn uwch i fyny'r afon o Fetws-y-coed. Hyd yn oed ar ddyddiau braf, mae'n bwll tywyll, bygythiol o dan lethrau creigiog a choediog. Wrth sefyll ar Bont yr Afanc a syllu ar y pwll a'r ynys yn ei ganol, mae'n anodd amgyffred beth yw ei ddyfnder. Ond o syllu ar y dŵr tywyll, mae'n hawdd dychmygu bod afanc wedi byw ynddo mewn rhyw oes, yn casglu brigau a boncyffion o li'r afon i greu ei nyth goediog yn y dŵr llonydd.

Yn y traddodiad Cymreig, mae'r afanc yn cynrychioli creadur dipyn mwy dieflig na'r anifail sy'n byw ar lan y dŵr ... mewn hen straeon tywyll, un o angenfilod y Fall oedd yr afanc.

Un tro, roedd afanc enfawr yn llochesu yn Llyn yr Afanc. Pan godai o'r llyn a chrwydro'r glannau, byddai'n gwneud difrod enbyd. Byddai'n taflu brigau a boncyffion yn uchel ar hyd y glannau, yn chwalu ambell wal a malu drysau'r bythynnod oedd yn agos at yr afon. Weithiau, hyd yn oed, byddai'n mynd i mewn i'r tai a throi'r bwrdd a'r cadeiriau. Byddai dodrefn yn diflannu – ond byddai'n ddigon hawdd gwybod mai'r Afanc oedd wedi mynd â nhw oherwydd byddai wedi gadael ôl ei draed yn byllau gwlyb ar lawr y bwthyn.

Y peth gwaethaf a wnaeth yr afanc erioed oedd cipio plentyn bychan. Roedd y rhieni wedi rhoi boncyff ar y tân yn ôl eu harfer ac wedi gadael y plentyn yn ei grud wrth ymyl y gwres cynnes a ddôi o gochni'r boncyff. Ond yn y bore, cododd y rhieni i ganfod y drws wedi'i falu, y dodrefn wedi'u taflu blith draphlith – a'r crud, a'r plentyn ynddo, wedi diflannu.

Fel y gallwch ddychmygu, daeth y fro i gyd ynghyd i chwilio am y bychan. Treuliodd llawer o deuluoedd dyffrynnoedd Conwy a Lledr holl oriau'r dydd yn cerdded ar hyd glannau'r afonydd yn chwilio am y crud, neu ddilledyn … neu'n waeth na hynny, gorff y plentyn coll. Ond doedd dim golwg ohono yn unman. Yr afanc oedd wedi'i lyncu, meddai un neu ddau wrth hwn a'r llall.

Yn gynnar drannoeth, daeth tyrfa arall ynghyd at ddôr y bwthyn ger Llyn yr Afanc. Dynion a llanciau cryf oedd y rhain ac roedd nifer ohonynt yn cario pastynau.

"Rhaid dal y creadur, rhoi cweir iawn iddo fo a gwneud yn siŵr na fydd hyn byth yn digwydd eto!" medden nhw.

Ond wrth edrych ar wyneb y llyn tywyll, tawel doedd yr un ohonyn nhw'n medru meddwl lle i ddechrau'r helfa. Ble yn union yr oedd yr afanc yn llechu?

Yna dyma un o'r dynion hynaf yn eu plith yn dechrau siarad yn bwyllog mewn ffordd a wnâi i'r mwyaf gwyllt ymysg y criw wrando arno.

"Rhaid denu'r afanc o'r llyn. Allwn ni ddim mynd i'r dŵr a cheisio'i bastynu i'r lan. Ddaw hi ddim felly. Mi wn i am ferch ifanc yn Nolwyddelan – llais fel aderyn yr haul ganddi. Mae'n gallu swyno ei chynulleidfa. Mi ofynnwn ni iddi ddod at lan y llyn yma i ganu, a hudo'r afanc o'r dyfnderoedd."

"Ond be wedyn?" holodd un o'r llanciau.

"Beth petai'r afanc yn ymosod ar y ferch?"

"Na," meddai'r hen ŵr doeth. "Byddwn wedi gosod trap i ddal yr afanc. Byddwch chi'r llanciau cyhyrog wedi taenu cadwyni haearn ar hyd y lan rhwng y llyn a'r eneth. Byddwn wedi anfon gair at Huw Gadarn, y dyn cryf o Lanffestiniog yr ochr draw i'r bwlch, a bydd yntau wedi dod yma gyda'i ddau ych cryf. Bydd Huw a'r ychen yn cuddio y tu ôl i lwyn ar ran ucha'r llyn, chithau'r llanciau'n cuddio ar ran isaf y llyn. Ar y gair, a'r afanc wedi dod o'r llyn, byddwch yn symud o'ch cuddfan gan godi pennau'r cadwyni dros yr afanc ar y lan oddi tanoch a'u rhoi i Huw Gadarn, fydd yn eu bachu wrth yr ychen ac yn llusgo'r afanc o olwg y llyn."

Yn y distawrwydd yn dilyn geiriau'r gŵr doeth, ceisiodd pob pastynwr ddychmygu'r olygfa a ddisgrifiwyd.

Y diwrnod canlynol, daeth Huw Gadarn a'r ddau ych dros y bwlch. Taenwyd y cadwynau ar hyd y lan. Aeth y criwiau i guddio. Cyrchwyd y ferch gyda'r llais hudol at greigiau uwch Llyn yr Afanc. Disgynnodd cwmwl tawel dros y dyffryn cul ac ar yr arwydd, dechreuodd y ferch ganu.

Cododd a gostegodd ei llais fel tonnau bach yr haf ar afon dawel. Daliodd pob un ei anadl a rhythu ar wyneb Llyn yr Afanc. Nid oedd un symudiad i'w weld arno. Aeth y ferch ymlaen â'r gân.

Yn sydyn, gwelsant swigod yn codi i'r wyneb yng nghanol y llyn. Yna, mwy o swigod – rhai mawrion, bywiog. Roedd yr afanc yn deffro! Safai pob gwyliwr fel delw yn ei guddfan.

Yn raddol, daeth corun tywyll i wyneb y dŵr, yna talcen ... clustiau ... a'r llygaid mwyaf melyn a dieflig a welwyd erioed. Pan ddaeth yr wyneb, a'r safn a'r dannedd i'r golwg, prin y medrai'r rhai oedd yn y criw ddioddef edrych ar y fath erchylltra.

Daeth yr wyneb yn nes at y lan. Wrth i'r creadur godi o'r llyn, gallent weld lledr ei groen yn crychu yng ngolau'r dydd. Llusgodd ar ei fol allan o'r dyfnder ac ar draws y gadwyn gyntaf. Ymestynnodd yn nes eto at y llais hudolus a ganai ar y graig. Gorweddodd ei gorff anferth dros yr ail gadwyn ... yna'r drydedd ...

Doedd yr afanc ddim yn teimlo'r cadwynau drwy'r croen trwchus. Roedd y llais a'r alaw hudolus wedi'i gyfareddu ac wedi'i ddychwelyd i flynyddoedd cynnar ei febyd. Dyna lle'r oedd o yn chwarae gyda'i frawd a'i chwaer mewn pwll o ddŵr glas mewn afon lawen gyda blodau'n tyfu ar ei glannau. Clywai ei fam yn canu yng nghegin y nyth goed glyd oedd ganddyn nhw. Toc, dyma hi'n galw arnyn nhw, "Dewch, blantos, dewch i gael eich te. Crempog eog sy 'na heddiw!" Daliai'r alaw a llais y gantores ifanc i'w dynnu a'i dynnu ...

"Rŵan!" gwaeddodd yr hen ŵr doeth.

Cipiodd y llanciau bennau'r cadwynau a'u cario ar wib ar hyd y llechwedd uwch glan y llyn. Cydiodd Huw Gadarn ynddynt gyda'i ddwylo anferth. Clywyd tincian y

cadwynau'n cael eu cydio wrth fachau'r ychen.

"Hoi! A-hoi!" anogodd Huw Gadarn.

Cythrodd y ddau ych yn eu blaenau a thynhaodd y cadwynau am yr afanc a'i lusgo oddi wrth yr eneth. Distawodd y gân. Llanwyd y ceunant gyda sgrechiadau ac oernadau'r afanc yn ei gaethiwed. Clywyd adleisiau o'r creigiau uchel uwch y llyn tywyll.

Tynnodd yr ychen yr afanc i fyny'r dyffryn cul a choediog i Ddolwyddelan. Yna i fyny drwy fwlch yn y mynyddoedd – Bwlch Rhiw'r Ychen yw'r enw arno hyd heddiw.

Yno, mae yna ran reit ych-a-fi i'r stori'n digwydd. Gymaint oedd y straen ar yr ychen, gyda'r afanc yn dal i strancio a rhuo yn ei gaethiwed, nes i lygad un ych bopio allan o'i ben a rowlio i lawr y llechwedd. Yn y pant lle gorweddodd y llygad ffurfiodd llyn bychan, a'r enw arno hyd heddiw ydi Pwll Llygad yr Ych.

Ymlaen â nhw, gan lusgo'r afanc i Lyn Cwm Ffynnon Las. Yno yn y diwedd y gollyngwyd yr afanc. Diflannodd i ddyfnder y llyn.

Rhyw dro wedi hynny, roedd carw'n dianc o flaen haid o gŵn hela yn yr ardal honno. Neidiodd y carw i mewn i Lyn Cwm Ffynnon Las. Welwyd mohono byth ar ôl hynny.

TALIESIN GLAN GEIRIONNYDD

Un tro, tua 534–599, roedd bardd o'r enw Taliesin yn byw, a châi ei adnabod fel 'tad beirdd Cymru'. Mae wedi'i gofnodi fod Taliesin yn byw mewn plasdy wrth Fryn y Caniadau ym mhen isaf Llyn Geirionnydd. Mae'r llyn hwnnw yn y bryniau y tu ôl i bentref Trefriw, a chodwyd maen ar y bryn i ddathlu'r cysylltiad â Thaliesin. Dywedir ei fod yn hoff iawn o'r llyn, ei fod yn mwynhau heddwch a prydferthwch y lle a'i fod yn cael ei ysbrydoli i gyfansoddi cerddi yno.

Ond yn ôl stori Gwion Bach, yn ardal Llyn Tegid yr oedd gwreiddiau Taliesin – nid Llyn Geirionnydd.

Gwrach o ardal y Bala oedd Ceridwen. Tegid Foel oedd ei gŵr ac roedd ganddynt ddau blentyn – Morfran a Creirfyw. Plentyn bach mor selog â diwrnod o wanwyn oedd Creirfyw ond roedd Morfran yn hyll fel pechod. Cafodd y glasenw 'Afagddu' gan ei fêts gan ei fod yn edrych fel simnai ar bawb.

Penderfynodd ei rieni mai cymwynas fyddai gwneud eu mab Morfran yn alluog, i wneud iawn am ei fod mor hyll. Casglodd Ceridwen bob math o lysiau (a llygod a llyffantod, mae'n siŵr) i grochan anferth ar lan Llyn Tegid. Cyneuwyd tân dan y crochan ac roedd yn rhaid berwi'r trwyth am flwyddyn a diwrnod hyd nes nad oedd ond tri diferyn ar ôl yn y crochan. Dim ond rhoi'r tri dafn rheiny i Morfran, a byddai hwnnw'n gwybod popeth oedd yn werth ei wybod yn y byd.

Roedd eisiau clamp o dân i losgi am flwyddyn a diwrnod, a chafwyd llanc o'r enw Gwion Bach a hen ŵr dall o'r enw Morda i wneud y gwaith. Aeth pethau rhagddynt yn werth chweil – tan y diwrnod olaf un. Rhoddodd Gwion ormod o goed ar y tân a llamodd y fflamau o amgylch y crochan. Clec! Dyma'r trwyth yn berwi'n sych. Tasgodd y tri diferyn olaf allan o'r crochan a glanio ar gefn llaw Gwion Bach.

"Aww!" gwaeddodd hwnnw, wrth i'r diferion poeth losgi'i groen. Rhoddodd gefn ei law yn ei geg i gysuro'i hun. Ar unwaith, teimlodd yn rhyfedd.

"Beth ddigwyddodd?" Clywodd Ceridwen y glec a'r sgrech a rhedodd yno i wneud yn siŵr fod popeth yn iawn. Gwelodd fod y crochan yn wag.

"Y cena bach!" sgrechiodd yn wallgof gan droi at Gwion.

Ond roedd Gwion yn gwybod popeth erbyn hyn. Gwyddai y byddai Ceridwen yn gwneud cawl ohono a'i fwydo fesul llwyaid i Morfran fel bod y tri diferyn yn cyrraedd y creadur hwnnw.

Doedd gan Gwion Bach ddim awydd cael ei ferwi mewn cawl. Gwyddai sut i droi ei hun yn sgwarnog. A gwnaeth hynny, gan redeg ar hyd glan y llyn am ei fywyd. Ond gwrach oedd Ceridwen. Trodd hithau ei hun yn filgi a chyn hir, roedd ei dannedd bron â chyffwrdd cynffon y sgwarnog.

Trodd Gwion ei hun yn frithyll a llamu i'r llyn. Newidiodd Ceridwen o fod yn filgi i fod yn ddyfrgi.

"Colomen amdani!" meddyliodd Gwion a chododd ar adenydd o ddŵr y llyn.

"Hebog fydd dy ddiwedd di," meddyliodd Ceridwen a pharhau â'r helfa.

Hedfanodd y golomen i mewn i ysgubor fawr. Saethodd yr hebog ar ei hôl. Roedd tocyn o hadau gwenith ar lawr y sgubor. Trodd Gwion ei hun yn hedyn bach a disgynnodd i ganol y tocyn. Iâr oedd Ceridwen nesaf. Aeth ati i fwyta pob hedyn gwenith yn y tocyn – gan gynnwys Gwion Bach!

Ymhen naw mis, roedd yr hedyn wedi tyfu a rhoddodd Ceridwen enedigaeth i fabi tlws eithriadol. Edrychodd arno a gwyddai mai Gwion Bach oedd yn ei breichiau – ond fedrai hi ddim gwneud niwed iddo bellach. Rhoddwyd y babi mewn cwrwgl a'i wthio i'r môr ar drugaredd y tonnau.

Roedd gan Elffin ap Gwyddno drap pysgod yn y Borth, ger Aberystwyth. Un anlwcus oedd Elffin ac roedd yn flin un bore pan welodd mai cwrwgl, nid pysgod, oedd yn ei drap. Ond newidiodd ei gân wrth edrych ar wyneb tlws y babi.

"O, dyma dâl iesin!" meddai, sef "talcen hardd" i ni erbyn heddiw. Taliesin oedd enw'r bachgen ar ôl hynny a chafodd fagwraeth garedig gan Elffin a'i deulu.

Tyfodd Taliesin i fod yn fachgen gwybodus (wrth gwrs!) ond roedd ganddo un ddawn arall hefyd – roedd yn fardd da iawn.

Ar y pryd, roedd brenin cryf ond balch yn byw mewn castell yn Neganwy – Maelgwn Gwynedd. Roedd Maelgwn yn ewythr i Elffin ac un Nadolig, gwahoddodd ei nai i fwynhau gwledd yn Neganwy gydag ef a llu mawr o westeion dros yr ŵyl.

"Croeso!" meddai Maelgwn. Ar y dechrau, roedd pawb ar delerau da gyda'i gilydd.

"Ac yn awr, cawn wrando ar y beirdd," cyhoeddodd y brenin. Roedd ganddo bedwar ar hugain o feirdd enwog yn y wledd.

"Hen dro na fuasai Taliesin yma," meddai Elffin ar ôl gwrando ar y degfed bardd yn mynd drwy'i bethau. "Mae'n well bardd na'r rhain i gyd gyda'i gilydd."

"Gwell na fy meirdd i!" wfftiodd Maelgwn. "Faint ydi oed y bardd yma? Chlywais i erioed amdano."

"Tair ar ddeg," meddai Elffin.

"Tair ar ddeg? Celwyddgi!" rhuodd y brenin. Roedd Maelgwn wedi gwylltio cymaint nes iddo daflu Elffin i garchar y castell yn Neganwy.

Ymhen hir a hwyr, daeth y newydd i glustiau Taliesin. A dweud y gwir, gwyddai am hyn cyn iddo ddigwydd – oherwydd roedd Taliesin yn broffwyd yn ogystal â bardd.

Teithiodd Taliesin i Ddeganwy a gofynnodd i Maelgwn os câi ymryson yn erbyn ei feirdd. Os byddai'n ennill, byddai Elffin yn cael ei ryddhau o garchar y castell.

Chwalodd Taliesin y lleill wrth ymryson â nhw wrth gwrs, ac yna daeth yn fardd i Maelgwn. Dim ond y gorau i'r brenin, debyg iawn. Flynyddoedd yn ddiweddarach, proffwydodd Taliesin fod y Pla Melyn am daro'r wlad ac y byddai Maelgwn yn marw o'r afiechyd.

Yn ei fraw, aeth Maelgwn i guddio yn Eglwys Llan-rhos, a bolltio'r drws ar ei ôl. Ond, yn ôl y stori, aeth haint y Pla Melyn i mewn drwy dwll y clo yn nrws yr eglwys – a bu farw'r brenin.

Proffwydoliaeth fawr arall gan Taliesin oedd dyfodol y Cymry:

Eu Duw a folant,
Eu hiaith a gadwant,
Eu tir a gollant,
    Ond gwyllt Walia.

Cymru fydd gwlad y Cymry, dyna sydd ym mhennill Taliesin. Er iddyn nhw groesi sawl ffin ar eu taith grwydrol ar hyd y canrifoedd, eu tynged bellach fydd cartrefu – a chadw – y tir arbennig hwn a elwir 'Gwalia'.

Y FÔR-FORWYN A CHEI CONWY

Mae tro ar hyd cei Conwy bob amser yn brofiad braf. Cewch wylio'r cychod yn mynd a dod yn yr aber, y llanw'n codi ac yna'n treio. Bydd cwch pleser yn llwytho ymwelwyr i fynd ar daith i fyny'r afon a daw'r llongau pysgota at y cei gyda physgod, cimychiaid a'r cregyn gleision byd-enwog. Beth am droi i mewn i'r amgueddfa gregyn yn yr harbwr i gael yr hanes? Mae eraill yn ddigon bodlon cael eistedd yn yr haul o flaen y dafarn ar y cei. Dydi'r gwylanod hyd yn oed ddim mor gecrus a garw eu cri ag ydyn nhw mewn trefi glan môr eraill.

Ond yng nghanol y gwaith a'r gwyliau sy'n rhan o fywyd y lle, mae ambell gwmwl oer. Ar ben y cei mae carreg goffa i dri o bysgotwyr lleol. Y stori'n syml yw bod llong bysgota o'r enw Katy *wedi gadael cei Conwy ar 16 Ionawr 1994 a ddaeth hi byth yn ôl. Collwyd tri o bysgotwyr oedd yn cael eu hadnabod yn lleol fel Sam (22 oed), Cochyn (30 oed) a Robbo (20 oed). Er gwaethaf yr holl offer technegol a'r cymorth ar y lan oedd ar gael i longwyr erbyn diwedd yr 20fed ganrif, gallai'r môr garw ddangos ei ddannedd o hyd.*

Lle bo traddodiad o rwydwyr a physgotwyr ar hyd arfordir Cymru, mae nifer o straeon am fôr-forwynion. Dydi Conwy ddim yn eithriad. Mae yma un stori am fôr-forwyn yn cael ei thrin yn deg ac yn dod â ffawd dda i'w chanlyn. Ond yn aml iawn, cysylltir môr-forwyn â dinistr a thrasiedi ...

Pysgotwr o Landrillo-yn-Rhos oedd Siôn Ifan ac un dydd daliodd fôr-forwyn yn ei rwyd. "Beth yw dy enw di?" gofynnodd y fôr-forwyn i'r pysgotwr. "Siôn Ifan," atebodd hwnnw.

"Siôn Ifan, os gollyngi di fi'n rhydd yn ôl i donnau'r môr, cei gymwynas dda gen innau rhyw ddydd."

Mae'n rhaid bod calon y pysgotwr wedi toddi wrth weld y ferch hardd, gynffonnog yn glymau i gyd ar fwrdd ei gwch. Datododd y rhwyd a'i gollwng yn ôl i'r bae.

Aeth amser go dda heibio. Yna, un diwrnod braf a llonydd, cododd y fôr-forwyn ei phen uwch y tonnau yn union wrth gwch Siôn Ifan.

"Siôn Ifan – cwyd dy rwydi a thyn tua'r lan."

Diflannodd y fôr-forwyn. Heb oedi, cododd yntau'r rhwydi o'r dŵr a rhwyfo am y lan. Fel yr oedd yn glanio ar dir sych, cododd y gwynt a chafwyd storm enbyd. Chafodd y rhan fwyaf o'r pysgotwyr oedd allan yn y bae ddim rhybudd a boddwyd llawer ohonynt. Diolchodd Siôn Ifan i'r fôr-forwyn ar hyd ei oes.

Ond diweddglo gwahanol sydd i chwedl am fôr-forwyn arall yng Nghonwy. Wedi storm ar y glannau, cafodd môr-forwyn ei thaflu i'r lan yn yr harbwr – yn y fan lle saif neuadd y dref erbyn hyn. Ymgasglodd y pysgotwyr o'i chwmpas.

"Ewch â fi yn ôl i'r dŵr," plediodd arnynt. "Yr heli ydi fy nghartref i ac mae'n rhaid imi fynd yn ôl yno."

Ni symudodd yr un o'r pysgotwyr law na throed i'w chynorthwyo.

"Rhowch fy nghynffon yn ôl yn y dŵr o leiaf!" mynnodd wedyn.

Ond dal i rythu'n fud arni a wnâi'r pysgotwyr.

Yn raddol, sychodd croen y fôr-forwyn. Teimlai oerni'r gaeaf ym mêr ei hesgyrn a bu farw yn y gwynt rhewllyd. Ond cyn tynnu'i hanadl olaf, melltithiodd y dref a'i thrigolion.

"Rwy'n melltithio'r holl adeiladau. Rwy'n melltithio ei dynion, ei gwragedd a'i phlant ar hyd y cenedlaethau. Boed iddynt ddioddef drwy foddi, drwy haint, drwy ryfel, drwy drychinebau hyd ddiwedd amser."

Ac yn wir, dros y canrifoedd mae Conwy wedi dioddef gan brinder pysgod, y Pla Du, a chollwyd llawer o'i dynion mewn llongddrylliadau a damweiniau.

Yn 1966, llosgodd neuadd y dref i'r llawr – sef yr union fan lle taflwyd y fôr-forwyn i'r lan. Yn ôl rhai, clywyd sŵn chwerthin ysbryd y fôr-forwyn wrth i'r fflamau ddinistrio'r adeilad.

Adferwyd yr adeilad a'i droi'n llyfrgell … ond o fewn deufis i gwblhau'r gwaith, bu tân difrodus arall.

Unwaith eto, clywodd rhai chwerthin gwallgof y fôr-forwyn uwch y fflamau.

Y TELYNOR YN Y GORS

Roedd priodas fawr i fod yn Ysbyty Ifan. Gan mai merch fferm oedd yn priodi a gan ei bod hi'n fis Mai, roedd y neithior i'w chynnal mewn ysgubor helaeth ar dir y fferm.

Yn yr eglwys yn y llan yr oedd y gwasanaeth priodas. Roedd gwahoddedigion yn cyrraedd o bob cyfeiriad, gyda rhai'n croesi'r bont dros afon Conwy yng nghanol y pentref. Er ei bod hi'n fis Mai, roedd dipyn o lif yn yr afon o hyd. Yn y cymoedd uwchben Ysbyty Ifan mae mawnogydd a rhosydd, brwyn a hesg ac aceri o gorsydd. Doedd y pyllau duon tir uchel y Migneint ddim wedi dechrau sychu eto.

Ar ôl priodi yn yr eglwys, daeth gorymdaith lawen drwy borth y fynwent ac i fyny'r allt at fferm y briodferch. Yno roedd eithin melyn Mai wedi'i dorri yn ei flodau i roi lliw ac oglau hyfryd yn yr hen ysgubor. Wedi mwynhau'r bwydydd, cododd aelodau hynaf teuluoedd y briodferch a'r priodfab ar eu traed i ddymuno'n dda i'r pâr ifanc, gan addo bod yn gefn iddyn nhw wrth iddyn nhw ddechrau ar eu bywyd gyda'i gilydd. Yna, daeth hi'n dro i'r bobl ifanc – adroddodd eu ffrindiau agos straeon troeon trwstan a thynnu'u coesau. Daethant â chasgen yno o dafarn Ty'n Borth yn y pentref, a rhannwyd cwrw er mwyn yfed 'Iechyd Da' i'r cwpwl. Wedyn, daeth beirdd i ddarllen cerddi cyfarch a phenillion ysgafn. Roedd hi'n briodas a hanner, a doedd neb eisiau mynd adref.

Wrth i'r miri gynyddu, daeth yn amser galw ar y cerddorion a chlirio'r byrddau er mwyn cael lle i ddawnsio. Hen ŵr direidus o Ysbyty Ifan oedd yn tynnu nodau melys o'r crwth – offeryn tebyg iawn i ffidil. Roedd dwy o wragedd fferm y fro yn cadw curiad y caneuon drwy glecian llwyau ac esgyrn, ac roedd llanc ifanc o Bentrefoelas yn canu ffliwt. Ond dyma wneud mwy o le yng nghornel y cerddorion ar hyn – roedd y telynor wedi cyrraedd. Edrychai'n hardd yn ei gôt frethyn a'r delyn Gymreig wedi'i chlymu ar ei gefn. Roedd Moi Delynor wedi cerdded yno dros y mynydd o'r Bala. Rhoddodd pawb groeso cynnes iddo a chyn hir, roedd cerddoriaeth lawen a bywiog yn llenwi'r ysgubor ac roedd y gwesteion wrthi'n stepio'r dawnsfeydd traddodiadol yn lliwgar a hwyliog.

Wrth i'r nodau mân, melys ddiferu o dannau'r delyn, dychwelodd meddwl y telynor at nant y mynydd. Ar ei daith y diwrnod hwnnw, bu Moi yn dilyn llwybrau culion ar lannau nentydd, dros ffriddoedd a rhosydd, drwy ambell ddarn brwynog a mwsoglyd heibio'r pyllau mawn. Er ei bod yn daith hir ac unig, roedd wedi mwynhau cwmni mis Mai ar y mynydd.

Roedd y dawnsio'n codi hwyl yn yr ysgubor. Codai'r hen ddynion ar eu traed, hyd yn oed, gan chwifio'u breichiau yn yr awyr – doedden nhw ddim wedi dawnsio fel hyn ers blynyddoedd! Ac wrth gwrs, roedd digon o egni gan y merched a'r bechgyn ifanc. Ymhell i'r oriau mân, âi'r dawnsio o nerth i nerth.

Yn y diwedd, dechreuodd pethau dawelu. Y rhai olaf i adael, wrth gwrs, oedd yr offerynwyr.

"Paid â mentro adref heno," meddai Elis yr hen grythor wrth Moi Delynor. "Tyrd acw – gei di wely gwellt gen i."

"Diolch yr un fath," atebodd Moi, "ond mae gen i briodas arall yn y Bala fory. Well imi groesi'r mynydd heno ac wedyn mi ga i aros yn fy ngwely fy hun dipyn hwyrach bore fory."

Cyn hir, croesodd Moi bont Ysbyty Ifan gyda'r delyn yn ddiogel ar ei gefn. Roedd mymryn o olau'r hanner lleuad yn cael ei adlewyrchu yn yr afon. Roedd y llan yn hollol dawel erbyn hyn ond roedd Moi'n cael cwmni ambell olau cannwyll yn nhai'r ffermydd wrth iddo ddechrau dringo'r ffordd fynydd o'r pentref. Pobl yn mynd adre'n hwyr o'r briodas mae'n siŵr, meddyliodd.

Ymhen rhyw filltir, doedd dim mwy o dai i'w gweld. Trodd y ffordd drol yn llwybr geifr wrth godi i'r mynydd. Tywyllwch dudew oedd o flaen Moi. Cododd ei ben i edrych ar yr awyr. Roedd y lleuad wedi diflannu y tu ôl i gymylau ac nid oedd seren i'w gweld.

Milltir arall ac roedd y telynor bellach yn gorfod craffu i weld y llwybr o'i flaen. Yn sydyn, teimlodd oerfel yn gwlychu'i wyneb. Roedd ei lygaid fel petaen nhw'n diffodd. Safodd y telynor yn stond. Nid oedd yn medru gweld ei draed erbyn hyn.

"Niwl!" meddai wrtho'i hun. "Y peth olaf rydw i ei angen ydi niwl mynydd!"

Roedd digon o straeon yn yr ardal am bobl yn mynd ar goll yn y niwl, yn colli'r llwybr ac yn cerdded mewn cylchoedd ar yr ucheldir. Byddai criwiau'n mynd i chwilio amdanyn nhw yn y bore weithiau ac yn canfod ambell deithiwr wedi ymlâdd, wedi oeri at fêr ei esgyrn ac wedi torri'i galon yn lân. Weithiau, doedd neb yn cael hyd iddyn nhw a byddai bugail yn dod ar draws swp o esgyrn fisoedd yn ddiweddarach.

Dechreuodd Moi gerdded yn ei flaen yn ofalus. Drwy lusgo'i draed ar y llwybr, gallai glywed y pridd a'r gro yn rhygnu ar hyd y ddaear. Gwyddai wedyn ei fod ar y llwybr o hyd. Er bod y niwl yn dallu'r llygaid, roedd yn chwyddo pob sŵn ac roedd y telynor yn falch o hynny ambell dro. Nid oedd mor falch wrth glywed ambell besychiad dwfn – er bod hwnnw'n swnio'n agos, gwyddai mai rhyw fuwch neu rhyw afr ymhell ar draws y fawnog oedd yno.

Wedi rhai munudau o lusgo'i draed, clywodd Moi sŵn gwahanol o dan ei esgidiau. Sŵn meddal y gwair a siffrwd y brwyn oedd hwn. Cofiodd fod y llwybr yn rhyw ddiflannu dan y tyfiant weithiau ac yn ailymddangos yr ochr draw i'r darn glas. Yr unig beth y gallai'i wneud oedd ceisio cadw llinell syth gan obeithio canfod y llwybr drachefn.

Roedd siffrwd meddal o dan ei esgidiau ers tro bellach. Mi ddylwn fod yn ôl ar y llwybr, meddyliodd. Yn sydyn, clywodd sŵn oedd yn ei arswydo – sŵn sugno o dan draed, sŵn gwasgu dŵr rhwng gwreiddiau'r brwyn. Cam neu ddau arall a chlywodd ei draed yn wlyb o fewn ei esgidiau.

Edrychodd o'i gwmpas yn wyllt ond roedd y niwl fel blanced wen o flaen ei lygaid. Camodd ychydig i'r dde ond pwll dyfnach o ddŵr oedd ar yr ochr honno. Yn ôl ac yna i'r chwith, a theimlodd y dywarchen yn simsanu oddi tano.

"Siglen!" meddai Moi. "Dwi ar siglen yn y gors."

Ceisiodd symud ymhellach eto i'r chwith ond roedd y dywarchen yn rhoi fwyfwy o dan ei bwysau. Yn sydyn, clywodd groen y fawnog yn ochneidio ac yna'n rhoi nes ei fod at ei benliniau yn y dŵr. Heb iddo orfod symud, roedd at ei ganol yn y pwll yn fuan. Rhaid imi wneud rhywbeth, meddyliodd, ac wrth i'r gors ddal i'w sugno, llwyddodd i ddadfachu'r delyn oddi ar ei gefn, ei throi a'i gollwng ar wyneb y gors o'i flaen. Taflodd ei hun ar ei hyd ar ben y delyn gan obeithio bod honno'n medru cynnal ei bwysau.

Ond roedd y gors yn dal i sugno. Clywodd Moi y delyn yn suddo'n is oddi tano. Wrth i'r dŵr mawn gyrraedd ei ên a gwlychu'i ddillad i gyd, roedd ei bwysau yntau'n ormod i ffrâm y delyn. Yn wyllt, troelliodd ei freichiau yn ei unfan i geisio cadw'i wyneb o'r gors. Clywai'r delyn yn troi oddi tano nes ei bod ar ei chyllell yn y pwll.

"Efallai y medraf sefyll arni," meddyliodd yn sydyn, ond doedd dim gwaelod i'r dŵr mawn. Daliai'r delyn i suddo i lawr ac i lawr o dan ei bwysau. Gyda'i anadl olaf, fel y tybiai, gwthiodd Moi ei ben yn ôl a rhoi un gri oer, hir drwy'r niwl yn y gors.

Beth oedd hyn? Roedd fel petai'r niwl yn teneuo fymryn. Roedd ychydig o olau'r hanner lleuad i'w weld eto. Â'i lygaid ar wyneb dŵr y pwll, gwelodd Moi ddyn bychan ar lan y gors yn taflu rhaff i'w gyfeiriad.

Wedi ymdrech fawr, llwyddodd y telynor i gael y rhaff dros ei ben ac o dan ei geseiliau a'i dal yn dynn yn ei ddwy law. Er bod y dyn ar gwr y gors yn fychan o ran ei gorff, roedd yn gryf eithriadol ac roedd yn tynnu a thynnu … nes bod Moi'n clywed ei hun yn cael ei ryddhau o dynfa'r pwll mawn.

Ymhen hir a hwyr, roedd yn gorwedd ar ei hyd ar y brwyn wrth ochr y dyn bychan, yn diolch am gael anadlu'n rhwydd unwaith eto.

"Tyrd," meddai'r cymwynaswr. "Rhaid i ni dy gael di allan o'r dillad gwlyb yna."

"Ond fy nhelyn i ..." llefodd Moi.

"Rhy hwyr, gyfaill. Mae'r gors wedi'i llyncu hi. Tyrd, mae gofal yn agos."

Er mawr syndod i Moi, gwelodd oleuadau canhwyllau o'i flaen. Wrth nesu, gwelodd

ffermdy braf ac wrth i'r dyn bychan agor y drws, rhyfeddodd wrth weld llond y lle o gwmni llawen. Roedd tân braf ar yr aelwyd, rhywun yn chwarae pib yn y gornel a phawb yn gwenu ac yn mwynhau'u hunain. Roedd pawb oedd yno hefyd, sylwodd Moi, tua'r un faint â'r dyn bychan a'i tynnodd o'r gors.

"Elen," meddai hwnnw. "Tyrd â dillad glân i'r dyn yma, wnei di? Cynwal, tyrd â medd iddo gynhesu rhywfaint."

Mewn dim o dro, roedd Moi yn gwisgo dillad sych braf. Roedden nhw braidd yn gwta a braidd yn dynn, ond yn dipyn gwell na'i ddillad ei hun oedd â'u pocedi'n llawn mwd a mawn budr erbyn hyn. Derbyniodd lestr o fedd yn ei law, ac roedd hwnnw'n gwneud i'w du mewn deimlo'n well. Daeth rhywun arall â bara a chig iddo ac roedd Elen – y ferch harddaf a welodd erioed – yn dawnsio i gerddoriaeth ysgafn y pibydd.

Wedi cael ei gefn ato, ymunodd Moi ag Elen yn y ddawns. Gwibiodd yr oriau heibio ac anghofiodd y telynor am ei anffawd yn y niwl ac am ei delyn hoff yng ngwaelod y pwll mawn. Pan ddaeth hi'n amser noswylio yn y diwedd, cafodd ei arwain at wely plu esmwyth. O, dyma beth oedd nefoedd yn wir …

Drannoeth, deffrôdd Moi. Roedd rhywbeth llaith ar ei foch. Cusan gan Elen, efallai? Na! wrth agor ei lygaid, gwelodd Moi fod ci defaid rhyw fugail yn llyfu'i wyneb.

Teimlodd oddi tano. Doedd y gwely plu ddim yno – dim ond llawr llechi a 'chydig o redyn. Lle'r aeth y tŷ braf a'r aelwyd gynnes? Doedd dim o'i gwmpas ond waliau moel rhyw gorlan ar yr y mynydd. Teimlodd ei ddillad. Dillad gwlyb y gors oedd amdano o hyd, yn ddu gan fawn y pwll, nid y dillad glân, sych oedd amdano rai oriau ynghynt. Edrychodd Moi o'i gwmpas eto a sylwodd fod ei delyn yno wrth ei ochr … yr union un a lyncwyd gan y gors. Roedd honno hefyd yn ddu gan laid y fawnog. A lle'r oedd Elen a'r dyn bychan, a'r pibydd â'i gân hudolus? Welai Moi yr un enaid byw ar y rhos, heblaw'r ci ac ambell ddafad yn pori ymysg yr hesg.

SANTES FFRAID A'R BRWYNIAID

Rhyw dro yn y canrifoedd cynnar, roedd dwy santes Wyddelig yn eistedd ar ddôl heb fod ymhell o'r môr. Modwenna a Ffraid oedd eu henwau.

Yn sydyn, dyma'r ddwy'n canfod eu bod yn morio. Roedd y darn hwnnw o Iwerddon wedi torri i ffwrdd oddi wrth weddill y wlad ac roedd yn nofio ar y tonnau draw oddi wrth yr Ynys Werdd.

Am ddiwrnod a noson, nofiodd y darn tir tua'r dwyrain gan gyrraedd aber afon Conwy yn y diwedd a bachu'n sownd lle mae penrhyn y Creuddyn, y Gogarth, Llandudno a Deganwy heddiw. Wedi'u mordaith wyrthiol, penderfynodd y ddwy santes wahanu. Aeth Modwenna i ganolbarth Lloegr ond arhosodd Ffraid yn Nyffryn Conwy gan sefydlu ei heglwys gyntaf yn Llansanffraid Glan Conwy, ychydig yn uwch i fyny'r aber o'r penrhyn a gludwyd ar y tonnau o Iwerddon.

Roedd hi'n haf hirfelyn yn Nyffryn Conwy. Yn wahanol i'r arfer, roedd y ffermwyr a'r tyddynwyr wedi cynaeafu'r gwair yn gynnar a didrafferth. Am wythnos, am bythefnos, roedd gwên ar bob wyneb a phawb yn mwynhau'r tymor braf.

Ond ymhen mis, roedd golwg bryderus iawn ar deuluoedd y dyffryn. Roedd hi'n ffair Awst yn nhref Llanrwst, ond ychydig iawn o gynnyrch oedd yn neuadd y farchnad.

"Dydi'r gwartheg acw ddim gwerth eu godro," cwynodd ffermwraig o'r topiau. "Mae'r caeau i gyd wedi llosgi'r un lliw â llwynog. Does dim blewyn o wair wedi tyfu ers y cynhaeaf. Dim ond ychydig o wyau sydd gen i."

"Wn i'n iawn," meddai'r stondinwraig agosaf ati. "Does gen innau ddim menyn na llaeth enwyn – na dim caws, yn siŵr. Mae hi'n dlawd iawn arnon ni."

"Glywsoch chi fod Arwyn Tal-y-cafn wedi dechrau porthi cynhaeaf eleni i'w wartheg yn barod?" meddai ffermwr oedd yn digwydd pasio. "Tydi hi ddim ond canol haf, ond mae'n nhw'n dechrau bwyta gwair y gaeaf. Wn i ddim beth ddaw ohonon ni."

Ymhen wythnos arall, aeth y dŵr yn brin yn y ffynhonnau. Doedd hyd yn oed yr hen bobl ddim yn cofio sychder tebyg. Methu wnaeth y cnydau llysiau ac aeth sawl cae haidd ar dân gan fod y tir mor sych. Heb lefrith, menyn na chaws i'w gwerthu, doedd gan y teuluoedd ddim arian i brynu bwyd chwaith. Gyda'r dŵr yn isel yn yr afonydd a'r nentydd, ddaeth y pysgod arferol ddim yn ôl o'r môr i afon Conwy.

"Dim bachiad eto," cwynodd y pysgotwyr gwialen.

"Rhwydi gwag eto," adleisiodd y cychwyr a'r cwryglwyr.

Parhaodd yr haul tanbaid hyd ddiwedd Medi ac er bod y llwyni mieri wedi blodeuo'n wychach nag arfer, doedd y mwyar yn ddim ond marblis bach duon caled gan nad oedd gwlybaniaeth yn y pridd.

"Be wnawn ni pan ddaw'r gaeaf?" oedd y geiriau gofidus ar wefusau pob un.

Roedd mwy a mwy yn troi at eglwysi'r dyffryn wrth i'r caledi waethygu. Doedd dim bwyd yno chwaith, ond roedd rhyw gysur i'w gael yn yr adeiladau tywyll a'u toeau gwellt. Roedd llawer o sefydliadau'r seintiau Celtaidd ym mhentrefi'r dyffryn ac roedden nhw'n ceisio ymgeleddu'r trueiniaid newynog – seintiau fel Doged, Cernyw, Curig, Grwst, Rhychwyn, Celynnin a Gwyddelan.

Er cystal oedd ymdrechion y seintiau oedd yn fodlon rhannu'u hymborth bychain eu hunain gyda'r rhai oedd yn llwgu, doedd ganddyn nhw ddim ateb i'r newyn mawr. Bu'n aeaf hir a chaled a bu farw llawer o anifeiliaid ar y ffermydd. Roedd y bobl a'r plant yn diodde'n enbyd hefyd.

"Twt, be ydan ni haws â gweddïo bob nos?" gofynnodd un. "Does dim sôn am law, does dim sôn am fwyd."

Ond yno yn y dyffryn, roedd y santes o Iwerddon gyda'i heglwys yn Llansanffraid.

Gweddïai Ffraid yn daer, erfyniodd am gymorth i'r bobl ac âi am dro ar hyd glan afon Conwy i chwilio am atebion. Dechrau mis Chwefror oedd hi pan sylwodd fod y brwyn

oedd â'u gwreiddiau yn nŵr llanw'r aber yn dal i dyfu'n las – er bod holl gaeau'r dyffryn wedi crino.

Cofiodd am ei phlentyndod yn Iwerddon a hen wraig ar lan afon yno yn ei dysgu i blethu brwyn yn fatiau bwrdd, yn fatiau llawr ac yn gychod bach i'w nofio ar wyneb y dŵr.

Ar ôl iddi sefydlu mynachlog i ferched yn Cil Dara, roedd Ffraid wedi ymweld â phennaeth lleol oedd ar ei wely angau ac yn gweiddi'n wallgof mewn twymyn. Ceisiodd Ffraid ei dawelu. Cydiodd mewn dyrnaid o'r brwyn oedd wedi'u taenu yn garped ar lawr yr ystafell wely. Plethodd y brwyn yn groes fechan. Llaciodd twymyn yr hen bennaeth, ymdawelodd a derbyniodd ei fedydd. Byth ers hynny, bydd pobl Iwerddon yn plethu croesau o frwyn ar Ddydd Gŵyl Ffraid – 1af o Chwefror – ac yn eu gosod ar ddrysau tai i gadw'u teuluoedd rhag niwed. Yn ei phoen meddwl ar lan afon Conwy, cydiodd Ffraid mewn dyrnaid o frwyn a'u troelli yn ei dwylo nes bod ganddi gwch bach. Gollyngodd hwnnw'n ysgafn ar wyneb afon Conwy.

Disgwyliodd weld y cwch brwyn yn nofio i lawr yr afon ond yn hytrach na gwneud hynny, nofiodd y cwch i fyny'r afon! Mae'n rhaid bod y llanw'n codi ar y pryd. Ar ei daith, llaciodd plethiad y cwch a daeth y brwyn yn rhydd gan nofio ar wyneb y lli.

Craffodd Ffraid a gwelodd mai pysgod yn gweu drwy'i gilydd oedd yno! Roedd rhyw wyrth wedi digwydd ac roedd llond yr afon o bysgod hir a chul. Roedd lliw llwydlas ar eu cefnau a'u hochrau ac roedd y pennau bron â bod yn dryloyw.

Rhedodd Ffraid at fwthyn pysgotwr ar lan yr afon.

"Tyrd â dy rwyd! Brysia, mae llond yr afon o bysgod!"

Daeth y teulu i gyd allan i helpu. Gyda'i fab hynaf yn rhwyfo, aeth y pysgotwr â'i gwch ar lwybr hanner lleuad drwy'r afon gan ollwng ei rwyd i'r lli. Wedi cyrraedd yn ôl i'r lan, cydiwyd yn nau ben y rhwyd a dechreuwyd tynnu'r helfa i'r lan. Ond roedd y baich yn rhy drwm i un teulu. Tyrrodd teuluoedd eraill o'r bythynnod ac o'r diwedd daeth y rhwyd i'r lan gan ollwng ei llwyth ar y dorlan leidiog. Ni welwyd y fath helfa erioed – roedd digon yno i fwydo'r holl blwyf. Ond roedd rhywbeth arall yn rhyfedd am y pysgod hyn.

“Ogleuwch nhw!” meddai’r pysgotwr. “Dwi’n clywed oglau brwyn ar y pysgod yma!”

Cafodd y trigolion wledd y diwrnod hwnnw ac am rai wythnosau ar ôl hynny. Daeth rhwydiad ar ôl rhwydiad i’r lan ac roedd arogl brwyn ar y pysgod rhyfedd yma i gyd. Y ‘brwyniaid’ yw’r enw arnyn nhw yn y Gymraeg o hyd.

Daeth y gwanwyn a chafwyd tymor mwy ffrwythlon ar ôl hynny. Bob Chwefror a Mawrth, deuai’r brwyniaid i afon Conwy ac ni fu newyn yn y misoedd hynny fyth wedyn. Roedd gan rwydwyr yr afon hawl i’w pysgota tan tua 1970 ac roedd yn arferiad ganddynt ddiolch i Santes Ffraid bob tro y byddent yn paratoi i swpera arnyn nhw.

CARW ANGAU

Roedd ceirw yng nghoedwigoedd Dyffryn Conwy rai cannoedd o flynyddoedd yn ôl. O dan yr hen gyfraith Gymreig, roedd gan bobl gyffredin hawliau ar y cyd i ddefnyddio'r coedwigoedd – hel coed tân, troi moch yno i fwyta'r mes ac i hela'r ceirw. Roedd tywysogion Cymru yn hoff o hela hefyd – roedd gan Lywelyn Fawr lys hela yn Nhrefriw a byddai ceirw coch coed Nant Conwy ar ei fwrdd swper yn aml. Mae llawer o enwau lleoedd yn cynnwys yr enw 'carw' neu 'hydd' neu 'ewig' yn y fro – Pant-y-carw yw enw cartref Clwb Rygbi Nant Conwy.

Yn y cyfnod terfysglyd ar ôl gwrthryfel Glyndŵr, roedd llawer o Gymry Dyffryn Conwy yn byw yn rhydd yn y coedwigoedd yn hytrach na byw dan ormes cyfraith y Saeson yn y trefi. Un o arweinwyr y Cymry hyn oedd Dafydd ap Siencyn. Roedd Dafydd yn byw mewn ogof ar glogwyn Carreg y Gwalch yn y coed sydd ar y llechwedd y tu ôl i Gastell Gwydir. Roedd Dafydd ap Siencyn yn bencampwr ar y bwa hir ac roedd ceirw'r goedwig yn disgyn yn ysglyfaeth i'w saethau'n gyson. Ond erbyn hynny roedd brenin Lloegr yn hawlio bod yr holl goedwigoedd – a'r ceirw ynddyn nhw – yn eiddo iddo ef, ac iddo ef yn unig.

Yna, daeth cyfnod y plasdai pan welwyd ychydig o deuluoedd pwerus yn meddiannu'r wlad. Dros y Bont Fawr o Lanrwst mae castell Gwydir, cartref teulu o uchelwyr cyfoethog – y Wynniaid.

Aeth John Wynn ap Maredudd i ardd Gwydir un diwrnod, ac aeth â'i gyfreithiwr gydag ef. Tynnodd John Wynn ei esgidiau, rhoddodd bridd o'r ardd ynddynt ac yna gwisgodd nhw drachefn. Yna teithiodd y ddau i Ddolwyddelan ac aethant i sefyll mewn cae oedd yn perthyn i hen wraig weddw. Cyn hir daeth yr hen wraig o'i thyddyn a gofyn,

"John Wynn ap Maredudd – pam dy fod ti yn sefyll yng nghanol fy nghae i?"

"Mae'r cyfreithiwr yma yn dyst fy mod yn sefyll ar bridd stad Gwydir," mynnodd yntau, gan gyrlio'i draed am y pridd yn ei esgidiau.

"Rwy'n tystio bod hynny'n wir ac yn fodlon mynd i ymladd yr achos mewn llys barn," meddai'r cyfreithiwr.

"Mi wyddost fod achos o'r fath yn costio'n ddrud iawn," meddai John Wynn. "Does gen ti ddim arian i fedru fforddio hynny. Ond mi gei di aros yma am chwe mis am ddim os wnei di daro dy farc ar ddogfen y cyfreithiwr."

Tybiodd yr hen wraig nad oedd ganddi ddewis a rhoddodd ei marc ar y ddogfen a chytuno i aros chwe mis cyn trosglwyddo'r cyfan i John Wynn.

Pan oedd hi'n gadael y tyddyn chwe mis yn ddiweddarach, daeth John Wynn a'i gyfreithiwr yno i sicrhau bod popeth yn digwydd yn drefnus. Trodd yr hen wraig at y meistr tir cyn gadael.

"Melltith arnat ti, John Wynn! Melltith arnat ti a dy deulu a dy blas newydd yn Gwydir. Y diwrnod y gweli di garw o goed Nant Conwy ar lawnt Gwydir – dyna'r diwrnod y byddi di farw!"

Wrth wylio'r wraig gloff a chefngrwm yn cerdded am y pentref, roedd y geiriau hynny'n dal i anesmwytho'r meistr tir. Pan aeth yn ôl i Wydir, galwodd stiward y stad ato a gorchymyn bod y gwaith o godi wal garreg uchel o amgylch y plas newydd i'w ddechrau ar unwaith. Bu'r gweithwyr wrthi am wythnosau yn cario cerrig o chwarel gyfagos a chodi wal uwch na thaldra dyn – mae rhannau o'r wal i'w gweld yno hyd heddiw. Fedrai yr un carw gwyllt o'r coed neidio dros y wal honno, a theimlai John Wynn yn ddiogel wrth droi am ei wely yn ei blasdy mawreddog.

Un noson yn 1559, roedd hi'n ddychrynllyd o stormus. Chwipiai'r gwynt drwy goed Carreg y Gwalch. Clywodd gŵr y plas glec anferth yn nhrymder y nos a thaerai bod y ddaear wedi crynu. Yna, tawelodd pethau y tu allan a syrthiodd i gysgu. Pan ddeffrôdd yn y bore cododd at y caeadau oedd ar draws ffenest ei lofft a'u hagor. Gwelodd fod un o goed derw mawr y goedwig wedi disgyn ar draws y wal newydd. Roedd bwlch yn y wal. Yna, daliodd ei lygad ryw symudiad ar y lawnt i'r dde o'r ffenest. Yno roedd carw mawr coch yn pori'r glaswellt – wedi manteisio ar y bwlch ac wedi mentro i dir bras y plas.

Daeth geiriau'r hen wraig yn ôl i feddwl y meistr tir. Ac yn wir i chi, dyna'r union ddiwrnod y bu John Wynn ap Maredudd farw.

DIEVETMON
DROIT

RHYS FAWR A'R DDRAIG GOCH

Mae rhai pobl yn enwog am eu cryfder. Yn wir, mae rhai ardaloedd cyfan yn enwog am fagu to ar ôl to o bobl gryfion. Ysbyty Ifan ym mhen uchaf Dyffryn Conwy yw un o'r ardaloedd hynny. Roedd y pentref ar ffyrdd y porthmyn gwartheg ers diwedd yr Oesoedd Canol ac roedd llawer o hanesion am gryfder y bechgyn lleol wrth iddyn nhw herio ac ymryson â'r porthmyn. Yno hefyd y cafodd Owain Glyndŵr a rhai o dywysogion Cymru eu milwyr dewraf.

Yn Ysbyty Ifan rhyw saith canrif yn ôl, roedd dyn cryf o'r enw Rhys Fawr ap Maredudd o Hiraethog. Roedd ganddo dipyn o dir ac roedd yn byw ym Mhlas Iolyn gyda Lowri ei wraig, pump o feibion a chwech o ferched. Pan oedd yn fachgen ifanc, roedd wrth ei fodd yn clywed ei dad a'i daid yn adrodd straeon am rai o hen frenhinoedd Cymru a'u hymdrechion i gadw tir a phobl eu gwlad yn rhydd o afael pob gelyn.

"Mi fedraf eu gweld nhw gyda llygaid fy nychymyg," meddai taid Rhys wrtho rhyw noson.

"Pwy?" holodd Rhys, oedd yn fychan iawn ar y pryd.

"Byddin Rhys Gethin o Nant Conwy," aeth Taid yn ei flaen gan edrych draw dros y bryniau lle'r oedd yr haul yn machlud. "Dacw nhw yn mynd ar eu merlod mynydd, haul olaf y dydd yn sgleinio ar waywffon a chleddyf ... A baneri yn awyr yr hwyr. Ar y blaen mae baner o ddraig eurgoch, a'r machlud yn gwneud iddi edrych yn fwy tanllyd a pheryglus nag erioed ..."

"Lle maen nhw'n mynd, Taid?"

"O, mynd am Gaernarfon maen nhw, wsti. Mae Owain Glyndŵr – hwnnw oedd ein tywysog olaf ni – wedi galw ar ddynion o bob cwmwd. Maen nhw'n mynd i chwalu waliau'r dref a'i llosgi."

"Ond Cymry sy bia Caernarfon, Taid!"

"Ddim yr adeg honno, 'ngwas i. Roedd y lle yn llawn Normaniaid a Saeson a bradwyr oedd yn sathru ar y Cymry. Castell i'n cadw ni yn gaethweision dan draed y pwerau mawr yn Llundain oedd yno yr adeg honno. Dyna oedd hanes bron pob tre yng Nghymru ar y pryd. Ond mi wnaeth Byddin y Ddraig newid hynny ..."

"Pam mai draig sydd ar faner y Cymry, Taid?"

"Mae hynny yn mynd â ni yn ôl ymhell iawn, iawn. Pan ddaeth gelynion o Sacsoni i geisio dwyn ein gwlad ni oddi arnom, roedd un o hen frenhinoedd y Cymry yn codi castell i ddiogelu ei hun yng nghanol mynyddoedd Eryri. Ond doedd y waliau ddim yn sefyll. Bob nos, roedd fel pe bai daeargryn wedi digwydd ac yn y bore cafwyd y muriau yn swp o gerrig ar lawr. Daeth dewin yno a hwnnw esboniodd y dirgelwch:
'Ewch i mewn drwy dwnnel y mynydd,' meddai'r dewin. 'Yng nghrombil y graig, mi welwch lyn. Yn y llyn mae dwy ddraig yn cysgu – un goch ac un wen. Mae'r goch yn cynrychioli Cymru. Mae'r un wen ar darianau'r Sacsoniaid sy'n ceisio dwyn ein gwlad oddi arnom. Bob nos, bydd y dreigiau'n deffro ac yn ymladd. Nes y bydd un wedi trechu'r llall, fydd dim heddwch yn y mynyddoedd hyn.'"

Aeth Taid ymlaen â'i stori: "Y noson honno, bu ymladdfa enbyd arall rhwng y dreigiau, ond y tro hwn, rhoddodd y ddraig goch gweir iawn i'r ddraig wen ac i ffwrdd â hi dan sgrechian i fyw yn Lloegr! Cafodd brenin y Cymry heddwch i adeiladu ei gastell wedyn. Felly does dim rhyfedd mai Draig Goch ydi'n baner ni!"

Tyfodd Rhys Fawr i fod yn filwr, a gan ei fod mor gydnerth ac mor grefftus am drin arfau, daeth yn arweinydd ar filwyr ardal Nant Conwy a Gwynedd i gyd. Yn 1485, ef oedd arweinydd byddin y rhan honno o'r wlad a aeth i gefnogi Harri Tudur ac ymladd yn erbyn byddin Richard III, brenin Lloegr ar Faes Bosworth.

Chwarter Cymro drwy ochr ei daid oedd Harri, ond roedd wedi'i eni yng nghastell Penfro. Henry of Lancaster oedd ei deitl yn Lloegr, ond Harri Tudur i'r Cymry, a gwyddai yntau fod yn rhaid iddo gael ymladdwyr o Gymru i'w gefnogi yn ei frwydr.

Wedi bod yn alltud yn Llydaw am 14 mlynedd, glaniodd gyda thua tair mil o filwyr yn ne Penfro ar 7 Awst 1485. Yr hyn oedd yn arbennig am y fyddin hon oedd bod clamp o Ddraig Goch fawr ar ei blaen. Gŵr o'r enw Wiliam Brandon oedd yn ei chario ac roedd hon yn ysbrydoli'r Cymry. Teithiodd y fyddin ar gyflymder da, rhyw ugain milltir y dydd. Enillodd gefnogaeth y Cymry o bob cwr ac yn eu mysg, byddin nerthol o Wynedd a Nant Conwy gyda Rhys Fawr yn eu harwain. Cyn croesi'r ffin am Amwythig, daeth byddinoedd y Cymry ynghyd ar fynydd Cefn Digoll uwch ben y Trallwng, a bron nad oedd pob milwr yng Nghymru y tu ôl i Ddraig Goch Harri Tudur y diwrnod hwnnw.

Ar faes Bosworth yng nghanolbarth Lloegr ar 22 Awst, daeth byddin o saith mil o filwyr Harri Tudur wyneb yn wyneb â deng mil o filwyr Richard III. Yng nghanol berw'r ymladd, gwelodd Richard fod y Ddraig Goch uwch catrawd arbennig o'r fyddin a gyrrodd ei wŷr meirch ar eu hunion i ymosod ar y milwyr hynny. Gwyddai na fyddai Harri Tudur ymhell o'r faner honno. Lladdwyd Wiliam Brandon, cariwr y ddraig. Ond roedd Rhys Fawr o Ysbyty Ifan wrth ei ymyl. Cododd yntau'r Ddraig Goch i'r awyr. Gyda bloedd, rhedodd ymlaen i wyneb y gelyn. Yn ei glustiau, clywai straeon ei daid ...

Daeth Nant Conwy, Gwynedd a Chymru gyfan y tu cefn iddo. Wedi ymladd ffyrnig, lladdwyd Richard III a choronwyd Harri Tudur yn Harri VII ar faes y gad.

Y fyddin y tu ôl i hen faner y Cymry, y Ddraig Goch, oedd wedi cario'r dydd. A doedd neb yn haeddu mwy o glod na Rhys Fawr am gario'r ddraig yn y frwydr honno.